Sei doch einfach Liebe

Bibliografische Information der Deutschen Nationalbibliothek:
Die Deutsche Nationalbibliothek verzeichnet diese Publikation in der
Deutschen Nationalbibliografie; detaillierte bibliografische Daten sind
im Internet über http://dnb.dnb.de abrufbar.

2.Auflage
Cover / Layout: Joß Krebs
Lektorat: Rebecca Weißleder

Herstellung und Verlag: BoD – Books on Demand, Norderstedt
ISBN: 978-3-8482-1176-0

Sei doch einfach Liebe

Kirsten Jebsen
2016

Das Schreiben ist mein Herzenswunsch und wird ergänzt durch meine Arbeit als Coach und Seminarleiterin der Bewusstseinsentwicklung.

Bücher und e-Books:

"Am Anfang der Reise zu Dir Selbst", 2003
"Die Kleinschmidts und Victoria", 2006
"Die Kleinschmidts und Struppi", 2006
"Die Kleinschmidts und Victorias Babys", 2009
"Federführungen", 2006
"Spitze Findigkeiten", 2006
"Herzensweisen", 2007
"Danke", 2007
"Das kleine Es", 2007
"Im Reich der Liebe", 2008
"Zwischen den Tasten oder wie das Leben so spielt", 2009
"Wofür brennst Du?", 2009
"Opfer oder Täter - ein Handbuch für alle Fälle", 2011
"Mein Verstand und ich", 2016
"Fülle deinen Kelch", 2016
„Sei doch einfach Liebe", 2016
„BewusstSein", 2017
„HerzensWunsch", 2017
„Unternehmen MenschSein", 2017
„FreiSein", 2017
„ErfolgReich", 2017

Fotobücher:

"Himmel Sinfonien", 2006
"Danke, dass Du den Weg zu mir gefunden hast", 2006
"Seelenklänge", 2006

Widmung

Für die Liebe,
die ich fühlen kann.

Danksagung

Liebe
Danke

Kirsten Jebsen

Und plötzlich war der Schlüssel da.
Der Schlüssel zur Freiheit.
Zur absoluten Freiheit.

Er heißt:

Sei doch einfach Liebe.

Du bist Schöpfer deiner eigenen Realität

Viele Jahre bin ich nun schon durch dieses Leben gegangen
und übe mich darin,
die Zusammenhänge von Ursache und Wirkung
zu erkennen.

Reinige dich mit der violetten Flamme

Und ich kann leichter spüren,
wie sich das Leben in mir und um mich herum anfühlt.
Ich trainiere, meine Gedanken bewusst wahrzunehmen
und lerne meine uralten destruktiven negativen Glaubenssätze
in konstruktive positive zu transformieren.

Hab Vertrauen und lass geschehen

Ich habe gelernt, meine Herzenswünsche zu formulieren
und an das Universum abzugeben.

Woran glaubst du? Was willst du wirklich?

Und ich übe mich darin,
meinen innewohnenden Glaube an Mangel zu entlarven
und in Fülle umzuwandeln.

Emotionen, ich rufe Euch!

Was wollt Ihr mir sagen?

❧

Meine Angst habe ich gelernt, auf den Schoß zu nehmen
und meine anderen Emotionen wie Schmerz und Traurigkeit
erhöre ich als Königin in meinem Reich der Liebe,
doch identifiziere ich mich,
so gut ich dazu in der Lage bin,
nicht mehr mit ihnen.

Gib doch endlich ab!

„Was will ich wirklich?" ist ein Thema,
das mich ständig beschäftigt.
Und das Loslassen und im Vertrauen abzugeben
hat mich zutiefst gefordert.

Ich bin Fülle

Finanziellem Mangel bin ich mit
Gedanken an Fülle begegnet
und dünner werdenden Haaren ebenso.

All deine Herzenswünsche gehen in Erfüllung.

Du musst nur ganz genau wissen, was du willst.

Ob Angst vor dem Alter,
Angst, das Leben nicht mehr im Griff zu haben
oder ewig ohne eine erfüllte Liebesbeziehung zu leben,
auch dies kompensierte ich mit Herzenswunschmanifestationen
fast bis zur Erschöpfung.

Halt! Stopp! Hier und Jetzt!

Seit vielen Jahren begleiten mich mal mehr,
mal weniger altbekannte Fragen wie:
Was soll ich tun?
Wo geht es hin?
Wie verläuft mein Weg?
Komme ich mit dem einen oder dem anderen Partner zusammen
oder bleibe ich gar für immer alleine?
Werde ich arm sein oder reich?
Werde ich erfolgreich sein oder entpuppt sich alles als Illusion?

Vertraue deiner inneren Stimme!

All diese vielen Fragen, Ängste und alten Themen waren ständige Begleiter
auf meinem Weg der Bewusstmachung.
Oder ich könnte auch sagen auf dem Weg der Bewusstseinsentwicklung.
Es geht auf dem Weg darum, so dachte ich, den Schlüssel zu finden,
mit dem ich endlich frei sein konnte - von alldem.
Frei von finanziellen, partnerschaftlichen, beruflichen
und was auch immer für Problemen.
Doch es wurde nicht wirklich einfacher, wenn auch bewusster;
bei so viel Bewusstmachung.
Einfach war es sicherlich nicht; im Gegenteil, alles wurde von mir hinter-
fragt, beäugt, aus sämtlichen Blickwinkeln, die ich mir vorstellen konnte,
betrachtet und es beschäftigte mich und meinen Verstand, meinen Geist,
meinen Körper und mein Herz aufs Äußerste.
Was ist wirklich wahr?
Manchmal wünschte ich mich in die Zeit zurückversetzt,
in der ich total unbewusst lebte. Damals schon machte ich vieles intuitiv,
auch wenn ich nichts von Selbstreflexion und den Zusammenhängen
von Ursache und Wirkung wußte. Und doch hatte mich etwas angetrieben,
einen anderen Weg zu gehen; jenseits von materieller Sicherheit und dem,
was „man" so für normal hält.

Im Hier und Jetzt ist alles vollkommen.

Und mein bewusstes Leben?
Es war und ist wirklich besonders spannend
und auch ziemlich herausfordernd.
Ich bin sehr dankbar dafür,
denn es hat mich dahin gebracht,
wo ich jetzt bin.

Und nun fängt die Geschichte erst richtig an.
Letzte Nacht schlief ich ziemlich unruhig. Ich träumte, obwohl ich mich meistens nicht an meine Träume erinnern kann. Und zwischen Traum und Aufwachphase war da eine Stimme, die etwas zu mir sagte, das ich bis heute Mittag im Kopf und Herzen bewege. Diese Stimme sagte zu mir:

„Sei doch einfach Liebe!"

Noch während des Wachwerdens hatte ich bereits ein wundersames lichtes Gefühl und ich wusste, dass ich den Schlüssel gefunden, bzw. erhalten hatte. So banal es klingen mag: „Sei doch einfach Liebe" ist die Antwort auf alle Fragen, alle Probleme, Themen, was auch immer.

Liebe einfach alles und du hast keine Probleme.
Der Widerstand schafft Leid. Kämpfe zwischen Ying und Yang, zwischen oben und unten, schwarz und weiß lösen sich auf.
Sollte es wirklich so einfach sein? Wenn ich eifersüchtig bin, darf ich lieben und alles ist weg?
Meine vielen Gedanken und Gefühle, die ich in der Vergangenheit hin- und herbewegte, die Gespräche mit Freunden, der Familie, die Hoffnung auf mein inneres Ich?

Ja, so einfach kann das Leben sein.

Sei einfach Liebe und alles andere löst sich auf; ist mit einem Wimpernschlag nicht mehr existent.

Jesus war Liebe pur, er konnte Blinde sehend machen und über Wasser gehen. Oder für mich in meinem gegenwärtigen Leben übersetzt bedeutet es, dass ich in meiner Liebe alles viel leichter nehme und nicht mehr so blind unterwegs bin.

Denn eins ist mir klargeworden: Es gibt keinen Ausweg aus dem Drama, das ich mir ständig selbst kreiere, es sei denn, ich bin Liebe.

In meiner Liebe ist alles gut. Dort ist alles in einem absolut vollkommenen IST- Zustand, der ausschließlich aus Liebe besteht.

Wie oft habe ich in meinem Leben schon Dinge erlebt, die mir auf Anhieb überhaupt nicht gefielen. Erst im Nachhinein stellten sie sich als Segen heraus. Vorausgesetzt, ich wollte wirklich klar sehen, der Situation wirklich in die Augen schauen und mich nicht weiterhin blind vor Schmerz zurückziehen und beklagen. Denn dann hatte es mich wieder, das Leid und kein Gefühl von Liebe.

Ich zweifelte an mir, grübelte über die vergangenen Situationen hin und her und fühlte mich verraten, verleugnet und verkauft. Glaubte, das Leben würde es schlecht mit mir meinen und mein Schicksal sei ungerecht und fremdbestimmt.

„Willst du dich wieder zurückziehen und in deinem Leid stecken bleiben?" fragte mich einmal meine innere Stimme.

Wo war in den Momenten meine Liebe? Sie war da, wo sie immer ist, nur ich verriet, verleugnete und verkaufte sie an das Leid, dem ich mehr Aufmerksamkeit schenkte.

Und so ziehen die Jahre dahin, der aufrechte Gang droht immer gebeugter und buckeliger zu werden bei diesem selbstfabrizierten Leid. Denn eins habe ich erkannt, niemand, aber auch wirklich niemand anderes war verantwortlich für die vielen Entscheidungen, die ich bisher in meinem Leben getroffen hatte. Das habe ich ganz alleine getan, so gut ich zu dem Zeitpunkt dazu in der Lage war.

Das Spielfeld unseres Lebens ist wirklich großartig. Es bietet uns dermaßen viele Spielmöglichkeiten, sodass wir genau hinschauen dürfen. Was macht mich wirklich glücklich? Was bleibt tatsächlich und was geht?

Freundschaften, Liebesbeziehungen, Häuser, Autos, Arbeitsplätze – alles kommt und geht. Mal bleibt es etwas länger, mal etwas kürzer. So spielt das Leben.

Doch was bleibt wirklich? Das einzig Wahre ist die Liebe. Sie bleibt, denn sie ist immer existent und vor allem ist sie die stärkste Kraft im Universum. Sie kann weder gekauft werden noch verloren gehen. Sie kommt nicht außer Mode und ist frei von jedem Börsenspektakel.

Liebe ist. Sie ist nicht zu fassen, zu greifen und vielleicht auch nicht zu begreifen. Liebe ist einfach.

Liebe ist alles. Die warmen Sonnenstrahlen auf meiner Haut, das funkelnde Licht in den Augen eines Lebewesens, der zarte Windhauch, wie er sanft über das Land streicht; Liebe ist alles.

Und sie ist nicht vergänglich. Liebe bleibt, ist stets präsent, auch wenn sie vergessen scheint.

Liebe ist der Ausdruck eines jeden Objektes, denn alles wurde geschaffen, egal in welcher Form. Liebe lässt uns fühlen, so, wie wir es brauchen. Darin ist sie bedingungslos. Sie wertet und verurteilt nicht. Liebe ist.

Liebe ist Freiheit pur. Sie lässt sich nicht einsperren, eingrenzen oder vernichten. Liebe ist die stärkste Kraft, die uns wunderbaren Lebewesen geschenkt wurde. Und sie verbindet sich mit der Liebe eines anderen Lebewesens. Liebe vereint und ist Kraft pur.

Bin ich also in der Lage, meine innewohnende Kraft, die Liebe, zu fühlen, bin ich reich beschenkt. Dann habe ich alles und bin glücklich. Und das Wunderbare ist, dass sie bereits in mir ist. Ich muss nichts dafür tun, um sie zu bekommen. Sie ist bereits da.

Ist das nicht verrückt? Wie oft war ich in meinem Leben unglücklich, gerade in Liebesangelegenheiten. Ich habe gelitten und entbehrt, habe geklagt und gezetert, habe mich benachteiligt und hintergangen gefühlt. Und erst jetzt erkenne ich, wie sehr ich mir das alles selber angetan habe. Die Liebe hat mich nie verraten, im Gegenteil, ich verriet sie.

Und so bin ich unglücklich gewesen und habe im Außen einem Phantom nachgejagt, das bereits ein Leben lang geduldig auf mich wartete. Die Liebe, die niemals vergeht, egal was passiert. Die Liebe, die stets gegenwärtig ist und immer Gehör für mich hat.

Doch ich war es, die weggelaufen war, weit weg von ihr. Ich lief zu anderen Menschen, rannte in Geschäfte, um meinen Frust zu befriedigen und reiste um die ganze Welt, immer auf der Suche, das zu finden, was bereits in mir war. Dieser reiche innewohnende Schatz von bedingungsloser Liebe.

Sie sagt: „*Mein Liebes, du kannst alles tun, was du möchtest. Sei einfach Liebe und das Leben ist leicht. Dann bist du frei von Blindheit und fühlst dich leicht wie eine Feder.*

Sei Liebe, mein geliebtes Kind, lebe das, was du bereits bist.

Wenn deine Gedanken negativ und destruktiv sind, wandle sie um in positive konstruktive.

Spürst du eine Schwere in deinem Emotionalkörper, gib sie in die violette Flamme der Transformation und sage: Ich bin Liebe, im Hier und Jetzt und immerdar.

Bleibe in deiner Zentrierung, in deiner Mitte und atme tief in sie hinein. Versinke in deiner heiligen/heilen Mitte, deiner ICH BIN Gegenwart und übe dich darin mit Beharrlichkeit und Ernsthaftigkeit. Frage dich immer wieder: wo ist meine Liebe? Und sogleich kannst du sie spüren. Lenke und richte deine gesamte Aufmerksamkeit darauf und bleibe in dir ruhend im Einklang mit deiner Liebe. Lasse dich ein, gib dich ihr hin. Sie alleine weist dir den Weg der Freiheit.

Alles andere dient der Ablenkung, der Kompensation und führt letztendlich immer wieder zu Leid und Mangel.

Die Liebe ist dein Zentrum, gleich einer Zentrifuge. Um sie herum dreht sich alles und je weiter du von ihr entfernt bist, umso hilfloser und verlorener fühlst du dich.

Gehe immer wieder in deine ICH BIN Gegenwart, erinnere dich stets daran, dass du das, was du im Außen suchst, bereits in dir hast.

Die äußere Welt dient dir, das zu finden, was bereits in dir liegt. Deine äußere Welt ist ein Spiegel deiner inneren Welt und darin erkennst du die Sinnhaftigkeit, in deiner Zentrierung zu bleiben.

Dort liegt deine Heilige Liebe, Heilige Weisheit und Heilige Kraft, die wahre Kraft, Weisheit und Liebe, die du so nicht im Außen finden kannst.

Sehr schnell fühlst du dich enttäuscht, wenn du dich auf das verlässt, was du dir vom Außen erhoffst. Ich frage dich, was kann Gutes dabei herauskommen, wenn du dich so sehr verlässt?

Nur in deiner Zentrierung ist deine wahre Stabilität, im Vertrauen auf deine innere Führung, die dir klar und zart zu verstehen gibt, was zu tun ist.

Vertraue auf diese wundersame Energie, die dich lenkt und leitet und gib dich ihr hin. Denke nicht mehr so viele Gedanken, lass das Grübeln und Nachdenken los und spüre, spüre in dein Reich der innewohnenden Liebe. Von dort aus kannst du ausströmen, in die Sinne und die Welt, von der du glaubst, sie seien real.

Liebe und lebe dich, mein Liebes und liebe die Welt. Damit bewirkst du Gutes, nicht indem du in den Widerstand gehst.

Jeder IST-Zustand ist wahrlich göttlich und dient dem Ausdruck der Vollkommenheit. Vertraue, sei im Frieden mit deinem Hier und Jetzt und lasse geschehen. Wende keine Kraft auf für Handlungen, die du vermeintlich tun musst.

Erledige deine Aufgaben aus deinem Sein. Dem BewusstSein, dass du bereits Licht und Liebe, Frieden, Freiheit und Freude, Leichtigkeit, Schönheit und Harmonie bist.
Liebe dein Leben, mein Liebes und koste von der Großzügigkeit der Schöpfung. Begrenze dich nicht, denn dein ist das Reich und die Kraft und die Herrlichkeit in Ewigkeit.

Das ist gottesgleiches Tun, es ist der Schöpfung würdig und manifestiert deine Aussendung.
Du bist gelebter Schöpfer, anerkenne deinen innewohnenden Schatz, der dich ausmacht.
Anerkenne zuvor deine wahre Kraft und strahle wie eine Sonne Wärme und Liebe aus.
Genieße ihre Pracht der Schönheit und verströme Zuversicht und Güte.
Die Menschen um dich herum sehnen sich danach, fang an, ihnen dein Licht zu schenken.Dein Licht, das in jedem von ihnen wohnt, doch noch nicht entzündet ist.
Es ist dein Auftrag, dein Licht zum Strahlen zu bringen und andere zu entzünden.
Liebe und lebe dich, mein Liebes und sei frei von Haben wollen. Alles wird dir gereicht, wird dir geschenkt, du brauchst nur zu sein, wer du bist.
Ein König lebt wie ein König und ein Bettler wie ein Bettler.

Jeder Mensch ist gottesgleich und zum König auserkoren. Und nur der ist ein Bettler, der sich verleugnet. Liebe und lebe deine Kraft, die auf Frieden und Liebe basiert.

Gib dich dem inneren Frieden hin, der zu sein, der du bist. Verführungen im Außen sind groß und genieße, ihnen zu widerstehen. Freue dich über diese Prüfungen und lenke immer wieder deine Aufmerksamkeit auf deine innere Mitte, deine Führung der Liebe. Dort ist deine Sicherheit, dort bist du geliebt, gewertschätzt, dort bist du frei.

Liebe alles um dich herum und schenke allem und jeden deine Liebe. Je mehr du gibst, umso mehr strömt aus dir heraus. Dein Kelch ist reich gefüllt mit Liebe, mit Wertschätzung für das Leben und durch den Dienst, den du hier dieser Erde erweist."

Da stand ich nun und war mal wieder überrascht.
Hatte ich dieses Wissen nicht schon vor langer Zeit erfahren?
Und doch wieder vergessen?
Wie schnell kommt mir diese Weisheit,
die tief empfundene Liebe, abhanden?
Woran liegt es, dass es immer noch Momente gibt,
in denen ich das Leid so sehr spüre?

„Es sind die Reste der innewohnenden Blockaden aus der alten Konditionierung. Dein Kanal gleicht einem Abwasserrohr, das verschmutzt ist. Es ist die Anhaftung an alte Glaubensmuster, unerlöste Emotionen und destruktive Gedanken. Die Verleumdung breitet sich aus in deinem Kanal, seit du denken kannst und hinterlässt hartnäckige Verkrustungen.
Dein Licht kann nicht frei fließen, immer wieder wird es von dunklen Anteilen beeinflusst.
Doch auch diese dunklen Teile gehören zu dir und geben dir die wunderbare Möglichkeit der Bewusstmachung. Denn dort, wo keine Dunkelheit ist, kann auch das Licht nicht wahrgenommen werden. Du brauchst die Dunkelheit, damit dein Licht sich kraftvoll entwickeln und zum Ausdruck bringen kann. Einzig und alleine deine Entscheidung ist von großer Bedeutung.

Wofür entscheidest du dich? Worauf richtest du deine Aufmerksamkeit?
Erkenne, dass im Hier und Jetzt alles in göttlicher Ordnung ist. Vertraue auf den gegenwärtigen IST- Zustand und hadere nicht. Auch musst du nichts verändern. Wichtig ist deine Bewusstmachung der gegenwärtigen Situation und deine dementsprechende Entscheidung. Wofür entscheidest du dich, nachdem du dein Licht auf die Dunkelheit gerichtet hattest? Entscheidest du dich erneut für die Fortführung der Dunkelheit oder gehst du ins Licht?
Dazu gehören deine Absichten, Gedanken, Gefühle, dein Glaube und vor allem deine Liebe für dich und die Welt.

Wem nützen destruktive Kreationen? Davon hat die Welt genug. Es ist jetzt an der Zeit, Neues zu kreieren. Vielfältige Manifestationen, die der Welt - dem Leben - dienen.

Darum geht es in dieser Jetzt - Zeit. Gib dich dem Liebesgefühl hin, das sich stetig mehr in dir ausbreitet. Bei so viel Liebesenergie kannst du gar nicht anders, als dich zu ergeben.

Was soll und darf sich ergeben? Es ist dein Haben wollen, dein Bedürfnis nach Kontrolle und Sicherheit.

Wahrlich sicher bist du nur, wenn du im Hier und Jetzt in deiner Liebe bist und ihr vertraust.

In der Tat eine große Herausforderung für eine Kämpferin. Strecke dein Schwert nieder und sage:

„Ich kämpfe nicht mehr. Ich lasse von nun an geschehen."

Spüre in deinen Körper hinein, was es mit dir macht. Spürtest du gerade noch die Anspannung und den Schmerz der Überforderung und Ohnmacht, so lasse alles los. Jeden Muskel, jeden Gedanken, jede Verkrampfung.

Lasse los und fühle. Fühle hinein in den Strom des Lebens, der jetzt ungehindert durch dich fließen kann. Wahrlich, es ist der Strom, in dem du keine Kontrolle mehr hast. Du treibst gleich einem Floß auf dem Fluss, ohne Paddel, Ziel und Plan. Du bist herrenlos, getrieben von der Energie, die stärker ist als jedes Schwert. Es ist der Wille, der geschieht. Der Wille, den du nicht wirklich steuern kannst. Du hast eine Wahl, mein Liebes, ja, das stimmt. Doch den Willen habe ich. Und ich bin die Königin, der König in deinem Reich. Ich bin du, mein Liebes. Doch ich regiere nicht aus deinem Kopf und Verstand, weder aus deinem Geldbeutel noch von deinem Kontostand.

Ich bin die Kraft, die einzig wahre Liebeskraft, die dir innewohnt. Diese Kraft, die sich nicht zähmen und bändigen lässt. Die sich weder versklaven noch betäuben lässt. Diese Kraft, die ICH BIN Gegenwart ist stets gegenwärtig, denn sie ist das, was ist. Diese Kraft ruht in deinem Sein, das du bist. Doch so lange du dich im Außen verlierst, irrst du umher wie ein König, eine Königin, die ihr verlorenes Reich suchen. Doch dieses Reich kannst du niemals im Außen finden, es sei denn, du suchst das vergängliche Reich. Davon kannst du viele im Außen besitzen und dich dennoch wie ein Bettler fühlen.

Der wahre König, die wahre Königin bist du in deinem reinen Sein. Dem Sein als Gott in dir, in deinem Ausdruck deiner Göttlichkeit. Es ist der Liebestrank der Barmherzigkeit und des Schwures, dir ewiglich treu zu sein. Alleine dem, das dir den göttlichen Ausdruck verleiht.
Ruhe in deiner Quelle und gib dich ihr hin. Von dort bist du gekommen, dort ist dein wahres Ich und Zuhause. "

Unser gegenwärtiger Zustand ist absolut vollkommen. Erst der Widerstand gegen das Hier und Jetzt lässt uns zu Kriegern werden. Doch schauen wir ganz genau hin, was jetzt ist, so können wir fühlen, was wir wirklich aus tiefstem Herzen wollen. Haben wir den Mut, dementsprechend zu handeln und zu agieren, ist alles klar und auch sehr leicht.

Dann bin ich nicht mehr blind vor Verblendung und auch die Schwere hat sich in Leichtigkeit gewandelt.

Es ist wider die Konditionierung und deshalb eine enorme Herausforderung für uns Menschen.

Doch genau darum geht es in dieser JETZT - Zeit, genau darum.

In deiner, in meiner Zentrierung liegt die Kraft, die einzig wahre. Alles andere ist vergängliche Illusion und dem universellen Gesetz der Polarität ausgesetzt. Wenn du das eine haben möchtest, musst du das andere in Kauf nehmen.

Jede Medaille hat zwei Seiten.

Nur die Liebe hat eine Seite, denn sie ist rund - gleich unserer Mutter Erde.

Liebe Leser,

ich wünsche mir, dass meine Inhalte
Ihre Herzen erreichen konnten
und möchte Sie einladen,
auch in meine anderen Bücher und Seminare
hinein zu schauen.

Aus Liebe
In Liebe
Für die Liebe

Kirsten Jebsen
www.kirstenjebsen.de

Notizen